Amour & Femmes

www.editionsbachari.com

51 Bd de la Chapelle, 75010 Paris
fax: +33 (0)1 53 20 02 95
ISBN: 2-913678-18-1

Amour & Femmes

La combinaison de l'amour et des femmes, à n'en pas douter, inspire. Elle inspire le calligraphe qui de sa plume va tenter d'en esquisser les formes, elle inspire le poète qui s'en nourrit et en fait l'aumône au commun des mortels. Gibran a écrit l'amour, celui des femmes : mère, sœur, amie ; Salah Moussawy, en trace les formes.

Connu pour son célèbre poème mystique Le Prophète, Gibran Khalil Gibran est avant tout l'écrivain de l'exil. Du Liban, qu'il a quitté très jeune avec sa mère et sa famille pour s'installer aux Etats-Unis, il n'oubliera jamais les cèdres et les montagnes où il est né. Il n'oubliera jamais qu'il est Libanais.

La douleur de l'exil et la séparation de la patrie, ses souvenirs ont été pour lui une source d'inspiration intarissable. Ses écrits sont emprunts d'une profonde réflexion sur l'homme et les questions philosophiques, spirituelles et mystiques qui s'y rapportent : la justice, la liberté, le mariage, la religion, la mort… Mais pour Gibran, la clé de toute chose réside dans l'Amour. Amour Universel dans lequel il s'est obstiné à voir la grandeur de l'homme.

Quant au sentiment amoureux tel qu'a pu le vivre Gibran, il s'est construit dans une relation de profond respect envers les femmes qui l'ont entouré :

« Je suis redevable aux femmes de tout, depuis mon enfance. La femme a ouvert
Les fenêtres de mes yeux et les portes de mon âme. Sans la femme mère,
La femme- sœur et la femme amie, je serais resté endormi parmi ceux qui cherchent
La tranquillité du monde en ronflant »

(Lettres à May Ziadah)

May Ziadah a sans doute été son plus grand, voire son unique, amour. Un amour d'une profonde sincérité qui ne s'est jamais exprimé que par les lettres. Fille d'un professeur Libanais et d'une mère Palestinienne, May Ziadah, elle-même grand écrivain, vivait en Egypte et n'a jamais rencontré l'homme avec lequel elle a correspondu durant 20 années. Leur amour qui n'a jamais été littéralement dit, n'en a pas moins été exprimé dans une dialectique amoureuse allant de la joie à la souffrance, de questionnements en interrogations :

« Mes épanchements auprès de vous - que signifient-ils ? Je ne sais pas vraiment ce que je veux dire par tout cela. Mais je sais que vous êtes mon bien-aimé et que je vénère l'amour, écrit May à Gibran... Comment se fait-il que j'ose vous avouer ces pensées ? »

(Lettres de May à Gibran datée du 15 janvier 1924)

May, la bien aimée, la confidente est aussi le lien que Gibran, l'expatrié, a gardé sans relâche avec la patrie absente, avec l'Orient. Gibran a aimé la femme intelligente et cultivée dont il a admiré l'écriture et les textes, et en qui il avait une entière confiance concernant ses propres écrits. Mais sans doute May est-elle encore la personnification de la femme arabe qui ose enfin se libérer du carcan des traditions et du poids social par la littérature. Issue d'un milieu conservateur, May Ziadah s'est imposée comme journaliste, poétesse, écrivaine et critique littéraire reconnue et admirée par ses confrères du Caire. Son combat pour les femmes s'est illustré avec passion dans le Mouvement d'émancipation alors en plein essor en Egypte.

Ainsi Gibran n'a jamais vu la femme aimée, avec laquelle il a partagé ses pensées et ses réflexions, mais aussi ses sentiments de 1912 à 1931, année de sa mort. Sa disparition est pour May une perte inconsolable, elle ne s'en remettra jamais véritablement et frôle la folie avant de disparaître à son tour quelques années plus tard.
S'il est impossible de définir l'amour platonique qui a lié si fortement Gibran à May Ziadah, le poète a connu dans cette relation l'exaltation du sentiment d'amour, celui sans lequel l'homme ne saurait se réaliser et qui doit tendre inéluctablement vers l'Universel.

Salah Moussawy, calligraphe Irakien exilé en France depuis 1985, exprime cet amour universel en donnant forme aux aphorismes et aux vers du poète. Il esquisse à travers ses calligraphies tout le champs lexical amoureux des œuvres de Gibran : Le Prophète, Les Ailes Brisées, Lettres à May Ziadah.

Dora Mabrouk

الحب

Qu’elle est malheureuse, celle qui, à peine sortie de l'insouciance de la jeunesse, se retrouve dans la maison d'un homme qui la comble de biens et de cadeaux, la vénère et la protège mais ne peut embraser son cœur de la flamme de l'amour ni remplir son âme de cette ivresse divine que Dieu fait couler des yeux de l'homme dans le cœur de la femme.

ما أتعس المرأة التي تستيقظ من غفلة
الشبيبة فتجد ذاتها في منزل رجل يغمرها
بأمواله وعطاياه ويسربلها بالتكريم والمؤانسة.
لكنه لا يقدر أن يلامس قلبها بشعلة الحب
المحيية. ولا يستطيع أن يُشبع روحها
من الخمرة السماوية التي يسكبها الله
من عينيّ الرجل في قلب المرأة.

النفس

L'amour est le sanglot d'une mer de tendresse, la larme d'un ciel de souvenirs, le sourire du champs de l'âme.

الحب تنهدة من بحر العواطف ودمعة
من سماء التفكر وابتسامة من حقل النفس.

نور

L'amour est un mot de lumière, écrit par une main de lumière sur une page de lumière.

المحبة كلمة من نور كتبتها يدٌ من نور على صحيفة من نور.

المحبة كلمة
كتبتها يد
على صحيفة

قلب

Le cœur d'une femme ne change pas avec le temps et ne varie pas avec les saisons. Le cœur de la femme agonise longuement mais ne meurt pas. Le cœur d'une femme ressemble à une forêt que l'homme prend pour un champ de batailles et de massacres. Il arrache les arbres, brûle ses herbes, éclabousse ses rochers de sang et sème son sol de crânes. Cependant, cette forêt reste calme, sereine et paisible. Le printemps y est toujours le printemps et l'automne toujours l'automne, jusqu'à la fin des temps.

إن قلب المرأة لا يتغير مع الزمن ولا
يتحول مع الفصول. قلب المرأة ينازع
طويلا ولكنه لا يموت. قلب المرأة
يشابه البرية التي يتخذها الإنسان ساحة
لحروبه ومذابحه. فهو يقتلع أشجارها ويحرق
أعشابها ويلطخ صخورها بالدماء ويغرس
تربتها بالعظام والجماجم ولكنها تبقى هادئة ساكنة
مطمئنة ويظل فيها الربيع ربيعاً والخريف
خريفاً إلى نهاية الدهور.

ان قلب المرأة لا يتغير مع الزمن ولا يتحول مع الفصول . قلب المرأة ينازع طويلا ولكنه لا يموت . قلب المرأة يشابه البرية التي يتخذها الانسان ساحة لحروبه ومذابحه

المحبة

Quand l'amour vous fait signe, suivez-le même si ses voies sont dures et escarpées.
Et quand ses ailes vous enveloppent, cédez-lui bien que l'épée cachée parmi ses plumes puisse vous blesser. Et quand l'amour vous parle, croyez en lui bien que sa voix puisse éparpiller vos rêves comme le vent du nord dévaste le jardin.

إذا أشارت المحبة إليكم فاتبعوها وإن
كانت مسالكها صعبة متحدّرة. وإذا
ضمّتكم بجناحيها فأطيعوها وإن جرحكم
السيف المستور بين ريشها. وإذا خاطبتكم
المحبة فصدّقوها وإن عطّل صوتها أحلامكم
وبدّدها كما تجعل الريح الشمالية البستان
قاعاً صفصفاً.

ليكم فاتبعوها وان كانت مسالكها صعبة متحدّرة . واذا ضمتكم بجناحيها فأطيعوها وان جرحكم السيف المستور بين
أحلامكم وبددها كما تجعل الريح الشمالية البستان قاعاً صفصفاً .

المرأة

Je suis redevable aux femmes de tout, depuis mon enfance. La femme a ouvert Les fenêtres de mes yeux et les portes de mon âme.
Sans la femme mère, La femme-sœur et la femme amie, je serais resté endormi parmi ceux qui cherchent la tranquillité du monde en ronflant.

أنا مديون بكل ما هو أنا إلى المرأة منذ كنت
طفلاً حتى الساعة. والمرأة تفتح النوافذ في بصري
والأبواب في روحي. ولولا المرأة الأم
والمرأة الشقيقة والمرأة الصديقة لبقيت
هاجعاً مع هؤلاء النائمين الذين ينشدون
سكينة العالم بغطيطهم.

الفراق

Depuis l'éternité, l'amour ne connaît sa véritable profondeur qu'au moment de la séparation.

إنّ المحبة منذ البدء لا تعرف عمقها إلّا
ساعة الفراق .

قلب الله

Quand vous aimez, ne dite pas :
"Dieu est dans mon cœur",
Mais plutôt : *"Je suis dans le cœur de Dieu"*.

إذا أحببت فلا تقل إن الله في قلبي .

بل قل بالأحرى أنا في قلب الله .

مسالكك

Ne pensez pas pouvoir diriger les cours de l'amour, car l'amour, s'il vous trouve digne de lui, dirigera votre cours.

لا يخطر لك البتة أنك تستطيع
أن تتسلط على مسالك المحبة لأن
المحبة إن رأت فيك استحقاقاً
لنعمتها تتسلط هي على مسالكك.

نفوسكم

Aimez-vous l'un l'autre, mais ne faites pas
de l'amour une contrainte. Qu'il soit plutôt
une mer mouvante entre les rives de vos âmes.

أحبوا بعضكم بعضاً ولكن لا تقيدوا المحبة
بالقيود بل لتكن المحبة بحراً متموجاً بين شواطئ
نفوسكم .

وجه امرأة

J'ai vu le visage d'une femme, et j'ai aperçu tous ses enfants qui n'étaient pas encore nés. Une femme regarda mon visage, et elle y reconnut tous mes ancêtres, morts avant qu'elle ne soit née.

رأيت وجه امرأة فرأيت أولادها
ولم يولدوا بعد ونظرت امرأة في وجهي
فعرفت آبائي وجدودي وقد ماتوا قبل أن تولد.

الحياة

Quand deux femmes parlent, elles ne disent rien.
Quand une femme parle, elle révèle tout sur la vie.

إذا تكلّمت امرأتان فهما لا تُعلنان
شيئاً وإذا تكلّمت امرأة واحدة
فإنّها تُعلن الحياة كلّها.

شفتي طفلها.

La chanson qui repose en silence dans le cœur
d'une mère, chante sur les lèvres de son enfant.

الأنشودة الكامنة في صمت قلب الأم
تتردد على شفتي طفلها.

رجل

Chaque homme aime deux femmes,
l'une est la création de son imagination,
et l'autre n'est pas encore née.

كل رجل يحب امرأتين: واحدة يخلقها
خياله والثانية لم تولد بعد.

امرأتين
واحدة يخلقها خياله والثانية لم تولد بعد

يَد

Lorsque la main d'un homme touche la main d'une femme, tous deux touchent le cœur de l'éternité.

عندما يلمس الرّجل بيده يدَ امرأةٍ يلمسُ كلاهما

قلب الأبديّة .

Le mot mère se cache dans nos cœurs comme se cache le noyau au fond de la terre et monte aux lèvres aux moments de peine et de joie, tel le parfum qu'exhale le cœur de la rose dans le ciel clair ou pluvieux.

ان لفظة الأم تختبئ في قلوبنا مثلما تختبئ
النواة في قلب الأرض. وتنبثق
من بين شفاهنا في ساعات الحزن
والفرح كما يتصاعد العطر من قلب
الوردة في الفضاء الصافي والممطر.

الرّجل

L'homme qui ne pardonne pas aux femmes leurs petites fautes ne jouira jamais de leurs grandes vertus.

الرّجل الذي لا يغتفر للمرأة هفواتها الصغيرة
لن يتمتّع بفضائلها الكبيرة .

الحرب

Une femme protesta : *“mais bien sûr que cette guerre est juste, mon fils y a perdu la vie”*.

قالت امرأة كيف لا تكون الحرب
مقدسة وقد مات فيها ابني ؟

مريم

L'amour de la mère de Judas pour son fils
était-il moindre que celui de Marie pour Jésus?

هل كانت محبة أمّ يهوذا لابنها أقل
من محبة مريم ليسوع ؟

بيتها

L'amour est un hôte généreux pour ses invités,
mais pour les non invités, sa maison est
un mirage et une moquerie.

المحبة مضيفة جوّادة لضيوفها، ولكن بيتها
سراب وهزء لغير المدعوين.

سعادة

Le bonheur de la femme ne réside pas dans la grandeur de l'homme et sa générosité mais dans l'amour qui unit l'âme de la femme à celle de l'homme et fait de leurs cœurs un seul être de vie et les réunit en un seul mot sur les lèvres de Dieu.

سعادة المرأة ليست بمجد الرجل وسؤدده .
ولا بكرمه وحلمه بل بالحب الذي يضم روحها إلى
روحه ، ويسكب عواطفها في كبده ويجعلهما
ويجعله عضواً واحداً من جسم الحياة .

عواطف

“Est-il permis à la femme de conquérir son bonheur en faisant le malheur de son mari ?”
Et mon âme répondit : *“Est-il permis à l'homme de mépriser les sentiments de sa femme pour conserver son bonheur ?”*

أيسوغ للمرأة أن تشتري سعادتها بتعاسة بعلها ؟ فأجابتني نفسي قائلة : وهل يجوز للرجل أن يستعبد عواطف زوجته ليبقى سعيداً .

الرجل
يستعبد عواطف زوجته كي يبقى سعيدا

قلب

Du cœur d'une femme sensible jaillit
le bonheur de l'humanité et de la noblesse
de son cœur, naissent leurs sentiments.

من قلب المرأة الحساس تنبثق سعادة
البشر، ومن عواطف نفسها الشريفة تتولّد
عواطف نفوسهم.

المحبة الحقيقية

Le véritable amour est le fruit d'une entente spirituelle et si cette entente ne se réalise pas dans l'instant, elle ne se réalisera jamais.

ان المحبة الحقيقية هي ابنة التفاهم الروحي وان لم يتم هذا التفاهم بلحظة واحدة لا يتم بعام ولا بجيل بكامل .

الزهرة

L'amour est la seule fleur qui pousse et grandi
sans l'aide des saisons.

المحبة هي الزهرة الوحيدة التي تنبت وتنمو
بغير معاونة الفصول .

المتعذّبة

La femme affaiblie, n'est-elle pas le symbole de la nation opprimée ? La femme qui souffre, prise entre les désirs de son âme et les entraves de son corps, n'est-elle pas telle la nation accablée par ses gouvernants et son clergé ?

أليست المرأة الضعيفة هي رمز الأمة
المظلومة؟ أليست المرأة المتوجعة
بين ميول نفسها وقيود جسدها هي كالأمة
المتعذّبة بين حكّامها وكهّانها ؟

أليست المرأة الضعيفة هي رمز الأمة المظلومة ؟
أليست المرأة الضعيفة هي رمز الأمة المظلومة ؟
أليست المرأة الضعيفة هي رمز الأمة المظلومة ؟
أليست المرأة الضعيفة هي رمز الأمة المظلومة ؟
أليست المرأة الضعيفة هي رمز الأمة المظلومة ؟

السراج

La femme est à la nation ce que la lumière est à la lampe. La lumière ne serait-elle pas faible si la lampe manquait d'huile?

إن المرأة من الأمة بمنزلة الشعاع من
السراج، وهل يكون شعاع السراج
ضئيلاً إذا لم يكن زيته شحيحاً.

الرّجل

L'homme achète la gloire, la grandeur et la célébrité, mais la femme en paie le Prix.

إن الرّجل يشتري المجد والعظمة والشهرة ولكن
المرأة تدفع الثمن .

الكتّاب

Les poètes et les écrivains essayent de comprendre la réalité de la femme. Mais jusqu'à présent, ils n'ont pas pu saisir les secrets de son cœur, car ils ne la regardent qu'à travers le voile de leur désir, ne la jugent que sur l'apparence de son corps ou à travers une loupe déformante, ne trouvant en elle que faiblesse et soumission.

إنّ الكتّاب والشعراء يحاولوا إدراك
حقيقة المرأة ولكنهم إلى الآن لم يفهموا
أسرار قلبها ومخبآت صدرها لأنهم
ينظرون إليها من وراء نقاب الشهوات
فلا يروا غير خطوط جسدها أو يضعونها
تحت مكبّرات الكره فلا يجدوا فيها
غير الضعف والاستسلام.

الحب

L'amour est un bonheur qui tremble.

الحب سعادة ترتعش .

قلبي

Mon cœur demanda à la beauté : *Tu est toute connaisance ; éclaire-moi sur le mystère de la femme.* Elle lui répondit : *Ô cœur humain, la femme est ton propre reflet, elle est tout ce que tu es ; où que tu vives elle vit. Elle est pareille à la religion quand l'ignorant ne la déforme pas, semblable à la lune, quand les nuages ne la voilent pas, semblable à la brise lorsque les souillures du vent ne l'altèrent pas.*

خاطب قلبي فتى الجمال قائلا : أرني
سرّ المرأة أيها الجمال ، وأنت بأكملك
معرفة . فقال هي أنت أيها القلب
البشري وكيفما كنت كانت . هي أنا وأينما
حللت حلّت . هي كالدين إذا لم يحرّفه
الجاهلون ، وكالبدر إذا لم تحجبه الغيوم وكالنسيم
إذا لم تتعلق بأذيال أنفاس الفساد .

الأُم

Le mot le plus beau sur les lèvres de l'homme est celui de "*mère*", le plus bel appel est "*maman*". Un mot, petit et grand, plein d'amour, d'espoir, de tendresse et de toute la sensibilité et la douceur du cœur humain.

إنّ أعذب ما تُحدّثه الشفاه البشرية
هو لفظة الأم وأجمل مناداة هي : يا أُمي .
كلمة صغيرة كبيرة مملوءة بالأمل والحب
والانعطاف وكل ما في القلب
البشري من الرّقة والحلاوة والعذوبة .

المحبة

L'amour ne donne rien que de lui-même
et ne prend rien que de lui-même.
L'amour ne possède pas et n'est point possédé.
Car l'amour se suffit à lui-même.

المحبة لا تعطي إلّا نفسها ولا تأخذ إلّا من
نفسها. المحبة لا تملك شيئاً ولا تريد
أن يملكها أحد.. لأن المحبة مكتفية بالمحبة.

المحبة لا تعطي إلا من نفسها ولا تأخذ إلا من نفسها
المحبة لا تملك شيئا ولا تريد أن يملكها أحد
المحبة تكتفي بالمحبة

Livres de Salah Moussawy publiés aux éditions Bachari

Amour et Passion, 2005
Le calligraphe, le Poète et la Paix, 2004
Le calligraphe et le derviche, 2002
Cahier de la calligraphie style Coufique - 2002
Cahier de la calligraphie style Diwani - 1999
Cahier de la calligraphie style Roqu'a - 1999
La calligraphie arabe - 1998

Livres publiés par Khalil Gibran

1905 - La musique
1908 - Esprits rebelles [1]
1912 - Les ailes brisées [2]
1914 - Une larme et un sourire [3]
1918 - Le fou ; La procession ; Les tempêtes
1920 - Le précurseur
1921 - Irama ; Dhatel ; Imad
1923 - Albadaayi wal-trayif
1923 - Le Prophète [4]
1926 - Sable et écume [5]
1931 - Les Dieux de la terre

Publications posthumes
1932 - L'Errant
1933 - Jésus fils de l'homme [6]
1933 - Le jardin du prophète

Lettre à May Ziyada [7]

1 - P. 10; P. 20; P. 52; P. 54
2 - P. 16; P. 40; P. 56; P. 58; P. 60; P. 62; P. 64; P. 66; P. 72
3 - P. 12; P. 70
4 - P. 18; P. 22; P. 24; P. 26; P. 28; P 74
5 - P. 14; P. 30; P. 32; P. 34; P. 36; P. 38; P. 42; P. 44; P. 46
6 - P. 48
7 - P. 20

51 Bd de la Chapelle, 75010 Paris
Tel: +33 (0)1 53 20 02 72
Fax: +33 (0)1 53 20 02 95

www.editionsbachari.com
Email: adib@editionsbachari.com

Conception graphique:

shaaman
www.shaaman.com

Dépot légal: Janvier 2005
Imprimé en Europe